AF276182

POST TENEBRAS LUX

POST TENEBRAS LUX

CHRISTIAN NEGRETE

Valparaíso
EDICIONES

Número 542 de la Colección VALPARAÍSO DE POESÍA
dirigida por FEDERICO DÍAZ-GRANADOS

Diseño de la colección: Chari Nogales

Maquetación: Ciclo Creativo

Primera edición: enero de 2026

© De los poemas: Christian Negrete
© Imagen de portada: Brenda Elena Pérez Ibarra

© Valparaíso Ediciones
C/ Fray Leopoldo, 7 bajo, 18014 Granada
www.valparaisoediciones.es

ISBN: 979-13-88007-13-2
Depósito Legal: GR 1738-2025

Impreso en España - *Printed in Spain*
Gráficas Gami

Cualquier forma de reproducción, distribución, comunicación pública o transformación de esta obra solo puede ser realizada con la autorización de sus titulares, salvo excepción prevista por la ley. Diríjase a CEDRO (Centro Español de Derechos Reprográficos) si necesita fotocopiar o escanear algún fragmento de esta obra (www.conlicencia.com; 917021970 / 932720445)

El papel utilizado para la impresión de este libro está calificado como papel ecológico y procede de bosques gestionados de manera sostenible

POST TENEBRAS LUX

Gracias a mi madre, Yolanda Perales Mendieta, por darme vida (la tuya y la mía) durante ya cuarenta y cinco años. Todo lo que he hecho en este mundo, mamá, ha tenido como único propósito hacerte sentir orgullosa.

Gracias a mi maestro, Jair Universo Cortés, por hacer posible este libro, por acompañarme en este camino, por tu generosidad y por enseñarme que con un poema basta, espero poder renacer como lo has hecho tú.

I
RAÍCES

RAÍCES

Tu citadino anhelo todavía te permite leer estas líneas:
Nada importante hay que contar. Aquí
sólo han pasado el polvo y la sequía. Hoy por la mañana
una mariposa negra me hizo recordarte. Dicen que esos
animales presagian la muerte (eso me dejaste). Si te escribo,
es para refrendarte el odio. Genuino, perpetuo. Hacerte
conocer que el rencor ya no raspa, ahora sólo estorba.
Sal entre las grietas. Tu recuerdo se desvanece: olvido.
Nadie sabrá de la misericordia de tu nombre. No bastó
que lo tuvieras todo: casa, parcela, tiempo. Y en lugar del
sol, elegiste la luz artificial de las lámparas. Los edificios
en vez de los cerros. Te fuiste buscando palabras que no
comprendes y rostros pálidos. Aniquilaste la cadencia de
tu voz para ocultar al Indio. Yo me quedé con la tierra,
con el aire, cargando a todos aquí: a la gente, a los padres,
a los niños que no son míos, a la luna y a sus meses. Aquí
se quedaron las mujeres, regando cada veintiocho noches
su sangre en la huerta. Comiendo del subsuelo, porque
para mí (sí, para mí, Negrete), las raíces sí son importantes.

Y BAILO

…In the daytime
You wil find me by your side
Tryin' to do my best
And tryin' to make things right…
"SKY AND SAND", PAUL KALKBRENNER

Un hombre que no conozco
me pide lumbre,
          lumbre,
y no sabe que soy ceniza
          pura ceniza.
Camino por el piso estrellado de las calles (ambarinas y
nocturnas).

La espina
que atraviesa mi muslo
es el deseo extinto.

El tiempo
desgastó la carne y las palabras.
—Ninguna flor sobrevive a tanta agua—

Emerge de mí
un árbol negro
sin hojas y sin frutos.
Me habita.

¿Cuántas veces he de contar mi vida?
¿Una, cien mil, ninguna?

Tras la puerta
el tedio.
La corbata como soga,
monedas dispersas en la hierba.

Soy solo, como decía mi abuelo.
Negro desde el inicio "Negrete para servirles".
Mis maneras de Todo o Nada (pero sin estilo).
La misericordia de mi nombre.

Entro al bar y el rojo me envuelve.
—¿*Vienes solo?*
—*Siempre*

No soporto el gesto displicente,
la exhalación de hastío.
La ortiga que me arranca la sonrisa.

¿*Eso es música?*

Delicadas envolturas del decoro.
Páramo quebrado… sólido.
Cuarenta y tres arrugas mi rostro.
Manos que se hunden en la tela.
Beats que podrían ser mi voz.

Y bailo.

Encorvado me muevo Fragmentos de un rostro joven que
se acaba Pronto me abandonarán las piernas Mis ojos de
lamento y mi boca que sonríe Tengo la espalda dolida de
un hombre dolido.
Mi baile no cesa.
Contemplación piadosa de los otros que me invita a no
volver.
Trago el vidrio molido de mis dientes porque no sé gritar.
Mitigo la sombra.
Conozco la raíz, su dolor.

Evito la consumación del resultado (perpetuar la especie).

Y yo danzo.

No hay forma de volver por esa misma senda.
La descendencia como maravillosa carga.
Lazo perpetuo que me ahorca:

Nadie

nada

heredará mis libros.

FLORES I

Todo es alegría
hasta que alguien pierde
un ojo
un diente
una mano
lo que lo habita.

Todo es luminoso
hasta que alguien se pierde
en la noche,
en la tarde
en la mañana
en el otro.

FLORES II

A mí no me hace gracia   de eso no me río
no es inofensiva la emoción mucho menos si veo mi
cuerpo tirado
sobre campos de sangre   si desabotono mi camisa
si me asomo al hueco de mi pecho
para descubrir que
            aquí, adentro,
                  ya no hay flores.

UNIÓN

(A él y a mí)
nos unen
el dolor y la envidia,
los azotes entre las paredes
que solían ser brutales.

Le robé la atención de mi madre
y su respuesta fue despiadada
(mi espalda curva es su legado).
Su odio ensombreció mi diminuta cara.

Recogí este gesto de mi infancia,
mis sonrisas —escasas— no ayudan,
y con un grotesco desamparo,
transito ya sin raíces.

Desigual competencia:
yo no sabía pelear.

No me educó.

De la vida, conmigo
                se desquitó.

MUERTO

Señor, concede a cada uno su propia muerte,
el morir que brota de su vida, para que
tenga amor, sentido y urgencia…
EL LIBRO DE HORAS, RAINER MARIA RILKE

Cerré los ojos,
tragué aullidos,
aprendí
a morirme
desde niño.

MI NOMBRE

Me llamo como quiso mi padre:
como el personaje de una película que ya no recuerda,
adversario minúsculo,

                                    error.

Hay noches que sueño
olas paternas y silencios.
Tinieblas en las que naufrago.

El viento se lleva lo escrito
y aunque el rugido es leve
sigo llorando bajito,
para que no me escuche

                        para que me salve el olvido.

Me llamo... yo me llamo... mi nombre es... ¿es?

SEMBLANZA

Soy del Valle Árido
y quiero perdurar en una espina,
al centro de unas cuantas casas desiertas.

Contra mi rostro
retumba el odio,
un puñado de luz
me ciega.

Oculto mi propia historia,
así
me salvo
y los salvo de mi angustia.
Por eso hablo de calles y de nombres.

Mi estampa envilece a todo el pueblo.

Ayer me preguntaron:
—¿Cómo le haces para llorar así, hacia adentro?
Callé, pero debí responder:
—Pienso en una casa inacabada.

Me perderé en el olvido
mientras canto.

(Después de un mes todos somos ordinarios).

Estoy hecho de ramas,
de semillas secas;
soy pura tierra infértil,
un hombre solo que no espera a nadie,
fervor cristero que continúa,
una cruz dorada para mi madre.

Pero esta es mi habitual tendencia a exagerar.
No tengo ningún derecho...
ni siquiera a pedir disculpas.
La tierra me engulle
y crece en mi vientre la rabia.

Lo perdí todo, salvo la penumbra,
después volvieron los colores: el negro y el rojo.

Tengo las manos sobre mi pecho y la muerte en los ojos.

Y sí, Vicente, "los verdaderos poemas son incendios".
Y sí, Anne, soy un hombre corriendo en llamas a través
de mi casa.

Este pulso mío, empeñado en ir de más a menos,
de menos a menos.

Un fuego verde me muestra el camino,
el olor de la tragedia.

Vivo
aquí
mi íntima descarga de dolor
sin el prestigio del mármol.

Me arrastro por esta costra de tierra.

Ahórrenme la vergüenza de caer muerto en la calle...
como mi tío.

Ya no empaño los espejos.
Ningún tumulto llora por un muerto sin deudas.

Y como no puedo contarlo todo,
el secreto se marchita aquí, adentro.

¿Por qué las nubes no me matan?

Quienes me salvan ahora,
solo se preparan
para destruirme después.

Probé la miel y después el vinagre.

SAY YOUR STUPID LINE

No tengo tiempo para la tristeza,
siento vergüenza por lo que soy.
            Hablo en voz alta
            y con los labios cerrados.
Algunos me escuchan,
más no logran entenderme.
            Escupo el agua porque no la merezco.
            Me hirieron tanto...
TANTO TANTO
que sigo deseando el bien a todos.
Say your stupid line: hay un pueblo en mí,
seco y pedregoso,
el aire es tan sólido y negro
que desconcierta mi aliento.
TANTO TANTO
Esa gota que no cae nunca.
El sonido de las nubes que se estrellan:
Unas contra otras contra otras contra otras...

BATALLAS

Esta cicatriz resentida recorre mi cara
solo yo puedo verla
parte mi rostro.
Esta rasgadura
no
viene
de ningún cuchillo
este tajo
(profundo y liso)
estará
conmigo siempre
para recordarme
todas
las batallas que evité.

REGRESO PERO NO VUELVO

Cuando regreso al pueblo
es el pueblo el que me recorre,
mis pies sólo buscan
sembrarse de nuevo aquí,
las uñas enlutadas
tratan de enraizarse
pero esta tierra es cada vez más dura,
quiero arrodillarme frente a la higuera
para devolver lo que tomé,
la culpa no alcanza a acariciar el polvo de estas flores,
le pido al Valle que me olvide
que honre lo único que sé hacer bien: huir.

LUZ

Para Yolanda Perales Mendieta, mi madre

Mi madre me dio la luz del mundo.
Desde su juventud lleva rogando
que no me muera.
Aún revisa si respiro,
me quiere vivo,
que no le haga lo que mi hermano.
Yo no le confieso nada,
desde niño, salvarla es mi deseo,
ella ya pagó su cuota de dolor.
Todos aquí me dicen:
"Tienes los ojos de tu madre",
por eso miro el álbum
la casa, el piso y el niño que fui
la plegaria en su mirada.
Ella lo sabe y por eso me pregunta:
¿Te lastima la luz?

CUNA

He aquí estas dos verdades:
a) Estoy herido desde la cuna.
b) Crecí rodeado de mentirosos.

Moriré sumiso… roto
estoy tan por debajo,
tan adentro,
en alianza inquebrantable
con la noche
con mi voz martirizada.

Soy dócil para que me amen,
intento que me gusten las cosas,
pero no puedo.
No.

Se acabaron los milagros, se acabaron.
El vino se me convierte en sangre.
Si existe Dios, aquí no habita
y es que, sólo mírenme:

NACÍ PÓSTUMO

"Aquí yace el impostor"
No fui mi hermano
que hasta en eso me ganó y
hoy es una tumba a la que no vuelvo.
Me salvó de ser Caín.
Soy un temor materno que no cesa,
un polvo negro pisado por deudos.
Mi último recuerdo:
una mujer sin rostro que —rodeada de niños—
reza un rosario.

PESO

Desde niño un delgado hilo
sostiene las piedras que llevo conmigo,
mi vida no pesa.
¿Entonces por qué este cansancio?
Mi padre pesaba el azúcar y la sal
en una báscula que no servía
y yo nunca dije nada.

Aún soy el diminuto cómplice
en una tienda de pueblo,
que mira con angustia la viga,
sabiendo que se romperá.

GRANADA

Mi infancia
es una mancha
de granada
en mi playera:
no se quita,
lo rojo
no se quita.

II

NO PUEDO BAJAR
DEL CUADRILÁTERO

NO PUEDO BAJAR DEL CUADRILÁTERO

No puedo bajar del cuadrilátero aún no. Vivo solo sí solo
con las obras completas de: nadie. Nadie. Esta es una
canción sin importancia sobre algo insignificante. Estén
convencidos (se los ruego) mi vergüenza es mayor, no los
molestaré con mis recuerdos, el pudor aún me ayuda a
no hacer de mi desgracia un espectáculo. Pero no puedo
bajar del cuadrilátero. Dejen en mí esta herida se los
exijo miren esta sangre luminosa,
                        que no cese,
                        que fluya.
              Permítanme contemplarla.
              No sabía,
                  de verdad que no sabía,
                  que un color tan intenso
                  podía emerger de mí.

SUÉLTENME

Miradas como cuchillos me apuntan, resplandecen.
¿Con cuánta tierra debo cubrirme?
Alguien se detiene a respirar para despúes continuar un beso
pero
yo no,
no soy yo.

Me morí en sus labios
con la boca abierta (como los peces).

Suéltenme.

Entre más luminosa la idea
mayor el miedo.

Estoy cansado y haría cualquier cosa para seguir así
vivo.

Suéltenme.

Grabé su nombre en la arena
el mar se lo llevó.
Y su odio fue limpio,
sin tregua.

Suéltenme.

¡Ya déjalo!
le gritaron alguna vez.

Por eso no me muevan,
déjenme aquí.
Suéltenme...
No me toquen.
¡Suéltenme!

ESPANTO

…No nos une el amor sino el espanto…
"BUENOS AIRES", JORGE LUIS BORGES

Ya sé que no es el amor,
no hay ilusión tan perpetua
ni inmunes son las estatuas.
Desde el principio lo supe
y decidí olvidarlo.
Por culpa habito lo negro.
Lamento el reproche ajeno:
para siempre es para nunca.
Ya sabía, lo he sabido:
no es amor, es el espanto.

LAS NOCHES QUE
SIGUIERON A LAS FIESTAS

—Iría a Siria por ti —dices.
(Boca apresurada).
Estrobos: Surges luminosa, evanescente.
Mi cara en ruinas te responde: no es necesario.
—No comiences a fumar ahora —pides.
—¿Qué hago con mis manos y mi boca entonces? ¿Hablar?

Tus manos ahora cantan.
Resguardo con mi vida tus lentes.

—Cuídalos.

Tu belleza presagia buena sombra.
                Casa ondulada tu pelo.
Permanezcamos dentro.
              Esta noche no.
                    No caeremos.
Hablas de lugares a los que nunca he ido.
—Siento un amor por ti —murmuras.
¿Qué significa "un amor"?

Te duele el brazo
                y
                    yo he perdido mi cuerpo.
Nuestra pésima forma de acercarnos a las cosas.
¿Aún bailamos?
Preferiría no hacerlo,

pero si tú quieres lo hago: es sólo movimiento.
Aleja de mí tu blusa y el cuadro vacío de tu casa.
De aquel balcón de la memoria, despídeme.
Debo irme
porque el tiempo hizo muy mal las cosas.
—Te lo suplico. Olvidemos (por favor) las noches que
siguieron a las fiestas.

ALIVIO

…Hay minutos de gracia, que suspenden
el dolor con alivio soberano…
"A PIEDAD", SALVADOR DÍAZ MIRÓN

1

Arrojado al tumulto de la tierra
    me obsequio (un genuino) desprecio
                (sin llanto)

Paso desapercibido
    (sembrado en el cemento)

Me mando y me obedezco solo
    (siempre por las buenas)

Los años toman lo que quieren de mí
    (Tras la puerta de madera que retrasa el
    tiempo)

2

Todos somos frágiles en las manos equivocadas Ahora no
alcanzo a ser nadie
Formado detrás de un maniquí espero y luego me disculpo
con él
por haberlo hecho perder su tiempo

No tengo fuerzas
            para reír
                      todo negro
contamino los lugares

Mi masticar habla
            diminutas guirnaldas verbales

Escribo frases sobre una plantilla de Excel
            una peor que otra

No estoy listo para la tempestad
            respondo correos
                    (siempre cortésmente)

Líneas sobre mi brazo me recuerdan:
No comprendes.

3

Más que el daño
más que el desgarro
busco desesperadamente alivio
el alivio que viene (¿vendrá?)
después del dolor.

NO ME HE SENTIDO BIEN:
ANTES ERA CAPAZ DE ATRAVESAR
LA LUZ SIN ROMPERLA

Hoy me caí. Me levanté disculpándome con la gente porque es mi única forma de relacionarme con el mundo. Dis-cul-pán-do-me. La verdad es sencilla, sublime. Este título es más bien una declaración. Es tarde para saber lo que soy. Antes era capaz de atravesar la luz sin romperla. Hoy, esparcido por el suelo no fui capaz de sostener la promesa ante una cruz, y tampoco pude morir el día anterior, ni el anterior al anterior, y así hasta hoy. Ayer vi una garza blanquísima sobre un arroyo de aguas negras, no soporté el olor, le di la espalda a la belleza. Me he convertido en un hombre sin perro. Ya no tengo nada valioso por hacer. Pero no me quejo porque no existe nada más conmovedor que un burgués con culpa. Me convenzo de que el color es un acto de la luz que no me pertenece: soy un deudor de la tiniebla. Soy de los que miran al cielo para saber si lloverá o no, jamás por goce estético. Recuerdos: cuando cumplí diez años, después de la escuela, llegué a casa y mi padre me dijo: "Creo que un día como hoy naciste... hay flan en el refrigerador", por eso a veces lo pido en los restaurantes, pero sin drama. Y sé que los impactos de bala son incompatibles con la vida, por eso ya no los busco. Lo único cierto es que después de mi caída hoy debí quedarme en el suelo para siempre, no erguirme para no tener que ofrecer disculpas por el polvo levantado en estas líneas, por permanecer aquí, entre ustedes.

MI HERIDA ES UN PERRO QUE SE AHOGA

Para Jakobs, mi único perro

Mi herida es un perro que se ahoga
de angustia en la garganta,
no quiero mirar su lengua,
le temo al púrpura.
Salimos de casa
rumbo al veterinario.
Mi perro se llama Jakobs
no le hace daño a nadie,
ni ladra.

No me escuchan, se lo llevan.
—Despídete de él —me dicen,
siento vergüenza,
yo no sé despedirme.
Después lo recibo en esta cobija, pero no es de él,
tiene sangre.
Nadie me escucha, se van.
Mi perro se llamaba Jakobs.
Esto pretende ser un poema,
que no le hace daño a nadie,
ni ladra.

MEMENTO MORI

irónico menosprecio:
miro mi rostro reflejado,
guardo una represalia
injusta
cruel:
olvidé el abismo.
¿cómo no hacerlo?
a pesar de que por décadas caminé por el fondo.

Respiro
y
siento un vidrio roto,
Memento Mori
escucho a mi espalda

no hay nadie aquí.

Quiero sentirme bien…
—NO
      Quiero
            sentirme

—HE DICHO QUE NO.
          BASTA.

NO SÉ QUIÉN SOY

Bailando/ lo recordaré/ bailando

Yo era/soy
el baile sin gracia en la penumbra.

Cuando yo/ bailabas sola.

Cuando tú/ lloraba discretos.

El pasado no valió la pena/ no viene la nostalgia.

Ardió la carne/ no me llevé nada/ ardió.

Silente recuerdo/ que no mata
fastidia siempre/ todas.

Nada soy/ nada.

Y ahora/ si grito es sólo porque el cantar/ es un grito.

El espejo está roto/ eso está bien,
            hace que me vea
            como me siento.

AYUDA ASISTENCIAL POR SOLEDAD

Con su muerte
la soledad se configura:
el pago procede.
Conozco mis derechos.
El contrato colectivo es claro:
la pura inexistencia basta.
¡Denme mi ayuda! ¡mi ayuda!
¿no ven que estoy sólo?
Muerto el trabajador...
son mías las monedas.

INFORME

Esta casa aún sigue anclada al reproche.

Las puertas a veces no me dejan entrar
me miran y se traban, escupen llaves.

La sala sigue siendo mi dormitorio
se niega a dejarme subir a la recámara.

La cama casi siempre se hunde de tu lado
me acecha y me arrastra hasta el borde.

Las cortinas ahora convertidas en manjar
de los diminutos y temibles peces de plata.

Los cajones arrojan pequeños balines
que se rehúsan a quedarse en el riel.

Las toallas aún no secan, no sirven
permanecen nuevas y nadie las cura.

El horno atrofiado tampoco adorna
dentro mantiene un desvalido plato sin fondo.

La planta de plástico que compramos
se seca lentamente y aún la riego.

La pared continúa perforada y humedecida
es el recuerdo de los llantos que colgamos.

Y estos colores deslavados de la fachada
alientan el olvido, descascarán el recuerdo.

Este reproche aún sigue anclado a la casa.

ERRORES

Al inicio
me equivoqué a su favor:
el vestido no era tan luminoso.

Al final
me equivoqué en su contra:
el documento no era tan oscuro.

La culpa no es toda mía.
No fui solo yo.
Es que hay algo mal aquí, entre ustedes y nosotros:
La deplorable condición de la estirpe.

Y ESO CANSA

¡La fatiga de, en cualquier caso,
tener por fuerza que sentir!

EL LIBRO DEL DESASOSIEGO, FERNANDO PESSOA

Me aman (y eso cansa),
genuino gesto que me fatiga más.
Debo cargar con ello
aunque no sea mío.

Mi libertad se rompe
y debo corresponder.
Pero sería indecente no estar aquí.

Aquí.

Aquí ella me resguarda,
maniatado con flores.
Debo sentir,
                forzado,
anclado a una mirada impaciente.

Pero mi amor escaso,
fruto podrido de mi pecho,
no alcanza,
y no luce
ni lucirá jamás.

HOJA

—Éste era su amor antes.
Nos mostró una hoja blanca, de papel, lisa.

—Éste es su amor ahora.
Extendió la hoja, desfigurada por la fuerza de su puño
cerrado.

—Sólo a esto pueden aspirar.
Dijo, buscando aplanarla suave, inútilmente.

—Si lo aceptan, habrán dado el primer paso.

Hoy, años después,
en verdad lamento no haberla destruido.

Esa hoja era
        soy yo.

VIL

Hacerme daño es el camino.
Mi rostro
deshonroso, atormentado.
Mi furia
vuelta contra mí.

Con estos ojos
nadie
puede abrazar mejor al espanto.
Sombrío
estoy
escondido detrás
de una columna de humo negro.

No queda para mí
ni una piedra
cubierta de musgo.
No queda para mí
más que una gota
de nada
sobre los labios
de nadie.

SOLOS

Antes: cercanos y húmedos
sobre el suelo tibio
nos hundíamos en la carne.

Luego: solos y secos
parpadeamos rápido para no llorar
nos frotamos frenéticamente.

Ahora: ásperos y granulados
sobre sábanas frías
cada uno se toca hasta la irritación y el dolor.

Separados y curvos
Distantes y pedregosos

Nuestras manos derechas
se encuentran con la arena
que emerge de nuestros cuerpos.

Y del placer... mejor no hablemos.

INDIGNO

Soy indigno de tanto odio
del resentimiento macerado
del subsuelo de tu memoria.
Si piensas matarme, no me llames
que lo último que me dejes sea la incertidumbre
la intranquilidad para mis días.
Me dejaste inaudito
no puedo comparecer
aquí declaro mi culpa.
Sólo puedes ser cruel con quien amaste
ese es mi consuelo
la prueba: tu odio (grande y dorado).
Esto lo hago para ganar olvido
y arrancar la costra.
Para ese propósito de hacerme pagar
solo tengo una palabra:
gracias.

EL AGUA ME DUELE

A mí el agua me duele,
siento los golpes de la transparencia,
gotas que aguijonean
agujas líquidas.
Miro mi fantasma sobre el visor del casco.
Quiero frenar y no puedo.
El camino es un espejo.
Las nubes me vigilan.
Yo no sabía cuán falso era este frío.
Debo irme, no puedo esperar.
La expectativa de vida de un motociclista es de cuatro años,
llevo uno.
Y contando.

MIRADA

Mirada que provoca lástima
ensayada por años.

Por eso
me daban un pan
o un diez
un dulce
o un beso en la frente.

Ahora me cuesta más,
es difícil lograrlo.

Hoy me niegan el perdón
o el olvido.

Mis ojos son los mismos
el cuerpo es el que no ayuda.

Mirada de perro
que ya no funciona.

Ya no ilumina.
No convence a nadie
ni a mí
que soy menos que nadie.

ALEJA DE MÍ ESOS LABIOS

Sé besar,
o al menos sabía,
la oscilación de la memoria
devuelve mi ignorancia
al momento previo
de angustia
y torpeza.
Un temblor en el cielo.

Aleja de mí esos labios.

No te acerques

ten compasión.

Es que el recuerdo es más fuerte
por eso te respondo
con mi partida:
no sé besar.

COMPASIÓN

—¡Cállate y devuelve el micrófono!
Le digo al impertinente.
No lo conozco, no es necesario
coincidir en este sitio.
Un comentario arrogante, estúpido
(como yo)
No es buen día para mi nombre.
¿Debo permanecer callado... soportar?
¿Agachar la mirada?
¿Resignarme?
—¡Cállate y devuelve el micrófono!
El hombre me ignora y continúa.
No insisto.
Pero no me voy.
Permanezco sentado, en silencio
hasta que todo acaba
y alguien con chaleco me toma del hombro.
—Vámonos, poeta, esto ya terminó.

EMPEÑO

Soy lo que el Diablo empeñó
un verano del ochenta
en esta minúscula ciudad.
Me dejó de noche
aprovechó los apagones
y la ingenuidad de mis padres.
Se llevó a cambio sólo dos cosas:
un poco de níquel
un poco de amor.
Cuarenta y cinco años
y el dinero ya no vale,
aquí ya nadie quiere ser feliz
la luz se quedó
pero son mis padres los que se fueron.
Sigo esperando que alguien vuelva
y recuerde
que aquí sigo.

A LÓPEZ VELARDE

"SE ACABO DE IMPRIMIR ESTE LIBRO EN LA CIUDAD DE MEXICO. EL 19 DE JUNIO DE 1923, SEGUNDO ANIVERSARIO DE LA MUERTE DE RAMON LOPEZ VELARDE".

Ya habías muerto cuando se entregó tu Obra Maestra a la publicidad. Cien años después recibo este Minutero en esta noche de jueves en la que quería hablar de tigres y no de hijos negativos, justo hoy, en que me duele la alegría porque todo está bien y sin embargo no tendré nunca un pequeño subordinado que me mire con admiración para después convertirme en su esclavo perpetuo, tampoco tendré a una diminuta niña con los mismos ojos de mi madre (que son los míos también) a la que le entregue voluntariamente mi tranquilidad por el resto de mis días. Soy lo que pierdo y perdí a mis hijos antes de tenerlos y puede ser que eso sea aún peor. Me asustan y me arrancan mi paz porque valen más que yo.

Hoy quería ver a un tigre de un metro, pero yo no sabía de su jaula, ni del piso de su soledad, ignoraba mi propio encierro y ahora sé que soy un soltero que no retrocede ni avanza y ahora sé que sangro del ombligo porque con mi muerte terminará todo y ahora sé que me falta valor para heredar esta tristeza.

Alguna vez me dijeron que bastan tres generaciones para que seamos olvidados, yo no necesitaré ni una, me difuminaré entre disculpas y sin mirar a los ojos a nadie. Para avanzar necesitaría ser padre y eso no... eso sí que no, mejor será permanecer dentro de esta jaula, sabiéndome mezquino y aterrado.

Un futuro de ceniza me espera, nadie me odiará con ternura, ningún reproche recibiré por tanto y tanto amor ilimitado y torpe que les entregaría, sin la urgencia de atención que da el peligro en el que estarían permanentemente, sin convertir al espanto en la rutina de mi vida, rehén de su diminuta crueldad, de su feroz cariño, aceptando todo eso sin una sola protesta, porque yo no me quejo, no me he quejado nunca. De lo único que soy dueño es de mis silencios que guardan ausencias y abandonos, me prometí que nadie más me abandonaría. ¡Velarde! Yo vivo en el pasado, en las cosas que pudieron ser, en lo que pude haber dicho. Intento ser humilde pero no puedo ser aceptado por todos y al mismo tiempo, por eso simulo que soy alguien, pero sé muy bien que nadie soy y no necesito mi fotografía en un altar para recordarlo.

"Dar vida es formidable", quizá lo sea, pero el costo, ¡el costo! Yo perdí antes de empezar, sé que todos deberíamos de tener la oportunidad de pelear, aunque sea un poco, pero la cobardía me obligó a rendirme y ahora me abraza mi funesta manía de escribir. Es probable que lo haga para que las escasas sílabas de mi nombre perduren (no lo harán).

He negado la vida y no hay nada divino en ello, Dios existiría cada mañana cuando mi niña abriera los ojos, cuando mi niño bostezara, cuando amaneciera con la mujer que me habría elegido para dar forma al mundo. No hay nada sublime en escribir (solo) estas líneas, en llamar a un tigre, que, aunque esté hecho de palabras, me ayude a olvidar mi encierro.

Mis hijos negativos corren ahora por esta casa, no sabía cómo nombrarlos, por eso gracias, Ramón López Velarde, gracias por darle palabras al vacío que me habita. Ahora sé que no solo cuidaré a los otros, a los ajenos, a los que no son míos y aun así arrullaré y les contaré historias y lavaré su ropa, porque así soy yo, sino que también amaré a los que jamás tendré, a los que sin existir me abrazan ahora mismo, en esta noche de jueves (cien años después del que no has tenido tú), mientras termino de escribir estas líneas para ti y para ellos.

AQUÍ

Para mis Furiosis: Diego José, Eduardo I. Coronel,
Jaime López, Moisés Lozada, Manuel Servín,
Pedro Pineda, Miguel Martínez, Saúl Telpalo,
Israel Jesús y Samuel Castro.

Una casa quiere dejar de serlo,
de las paredes ya no emerge llanto.
Una puerta se abre sola
y pasan.
Entran todos,
se saben hermanos,
supieron esperar,
"la amistad puede prescindir de la frecuencia",
dijo Borges.
Ahora bailan juntos
en el lugar en donde hubo un comedor.
Nada obstruye sus pasos.
Nada detiene la danza.
Aquí las cervezas se toman de un trago.
Aquí es Hidalgo.
Aquí ninguna boca se amarga.
Ahora solo habrá sitio para lo dulce,
para gritos… pero de los buenos,
los que arrojan versos de Lizalde.
Entigrecidos bailan con un pez,
—Mírenlo, se llama Pessoa,
dice alguien mientras sostiene la pecera,
suena *Lonely Woman*,
el cavernoso saxofón,

—No entiendo esa música,
dice otro.
Y esto es un ritual.
Alguien abraza al hombre que hoy cumple un año más.
Alguien toma un casco de motocicleta y lo regala a
alguien que ahora es un astronauta que camina lento y
dice:
—Me va a dejar si me compro la moto.
y todos lo alientan bebiendo.
Alguien grita a Vallejo muerto en París
con aguacero.
El vidrio de una botella que se quiebra
pero nadie se exalta.
Aquí no hay peligro.
Aquí la ausencia no se nombra.
Aquí no se habla de amor.
Un eco ahoga las preguntas,
el sabio vacío de este lugar.
Borges también dijo que "el amor está lleno de angustias",
por eso ellos están aquí y aquí se quedan,
difusos y sonrientes.
Este baile expulsa la niebla.
Estos hombres,
irremediablemente tristes,
ríen tirados en el piso.
Sus rostros de furioso cobre
yacen en el suelo.
Esta casa ya no es hogar,
es establo.
Estos animales ya duermen.

                                    Arriba

de ellos
los focos
fundidos
y
                                    Abajo

nada.

FANTASMAS

Tus labios apresurados. El esfuerzo por contener ideas. La frustración ante la insuficiencia del lenguaje. Pensamiento, fulgor en tu mirada.

Prefieres melodías, ritmo. Las preguntas de Johann te vuelven racional. Sé muy bien que el único y primer principio es la libertad, pero el temor perpetuo me hace huir hacia ningún sitio.

Busco refugio lejos de tus colores. No lo logro.

Tranquilos: la música es pensamiento también.

Eres tu caer y volver a caer. Recuerdos germanos y reflejos tenues de emancipación, de primeras veces, de figuras que nunca veré porque me falta valor, de viajes inexistentes. Te vi subir al espacio desde el centro de una cabaña.

Ciudad alfombrada por flores violetas. Las calles por donde transitan tus pies y mi voz titubeante. Mi libertad acotada por el tiempo. Ahora: puro recuerdo entre sonrisas dislocadas.

Ser fantasma es progresar en este mundo.

Tirantes enmarcando tus estrellas. Tus brazos sobre las sábanas durante las noches que siguieron a las fiestas.

Fantasmas.

He visto tu sueño y aquí sigo, atado a tus respiraciones lineales y coherentes con sentido único. Trayecto de regreso no existe.

128% humana.

Y si menciono el lenguaje es porque oí en tu voz a Goethe frente a mis pupilas expandidas. Debí morirme ahí mismo, rodeando de ti y de los libros. Engendraste al Fausto y aún no desayunábamos. Fantasma el lenguaje.

No es virtud temerte. Soy cobarde y lo sabes. Mi trayecto por el mundo no es más que contención. Un no hacer permanente para no caer.

No quiero destrucción, pero si llega hoy o dentro de veinte años, mejor que seas tú.

No se olvida a la persona con la que se duerme. Renuncié al tacto antes de cerrar los ojos. Fantasma la mirada.

No me jacto de ello. No me jacto.

Acumulo recuerdos para el futuro, no conozco otra forma.

Irías a Siria por mí, te internarías en la guerra para buscarme. No respondí. ¿A dónde voy yo por ti? Ante la

Ley ¿Ante quién comparezco? Es posible que todo termine, por paz o por guerra, aquí y en Siria. ¿Pero saltar sobre la lumbre negra? Ni con tu lectura ni con tus palabras escritas que jamás conoceré. Tarde para las disculpas, tarde para los reproches. [Lo siento] Fantasmas las disculpas, también.

Me entregaste una imagen lejana: un par de calcetas abatidas, derrotadas en la lucha contra el brillo de sus compañeras. Yo pensé en rebeldía infantil, en una afrenta, jamás en un pudor asociado al descuido. Ahora la libertad de tus tobillos mientras caminamos por la casa de Paz y te ofrezco un principio: Tú sobre la roca y la roca en la cúspide del cerro.

—No uses preposiciones, amor —me dijiste.

Las consanguíneas decisiones condenadas al fracaso. ¿Imprudencia ahora? Me niego a seguir la premonición fatal: no somos nuestros padres.

Tarde me dijiste que amabas tu blusa negra. Tarde. La correa de tu bolsa atravesando tu pecho y mis manos juntas en oración. Te resguardo atrás de mis ojos. Fantasma la mirada, el tiempo.

No temblaré. No temblaré. Prométeme que cuando estemos sobrios… que cuando estemos sobrios… prométeme.

En el Aleph de tu casa podré verte absoluta, perdida

para siempre, —soy yo, soy Negrete —mientras me pides ver la edición, la diversa, la que no tengo. ¿Qué me dirían los ojos de Jorge Luis? *"Entre mi amor y yo han de levantarse trescientas noches".* Lapsos oscuros en los que no te difuminas, van más de trescientas y no lo logro. La evanescencia como progreso.

Como último recurso: la súplica. Déjame ver la nada enmarcada en tu pared. Ahí está nuestro futuro con bordes dorados. Fantasma el futuro.

La mochila más cara de todas. No soy un caballero. No distingo lo caro de lo valioso. Testigo inmóvil a un lado de la cama. Siempre habrá una declaración.

Quiero no verte entre las rocas, pero ya lo hice. Vámonos al terreno pedregoso o a la capilla del dolor para no volver.

Dime cómo se sosiegan los murmullos. Si tu voz y la música. Si tus labios y el viento. Si tus flores y los libros nuevos. Fantasmas los libros, sus habitantes.

—Confiese, licenciado, confiese —pero no sé de qué me acuso.

Estas palabras nacen de la vergüenza por haber nacido antes que tú.

Mi llegada siempre tarde.

Desgastado por el arrastre casi no queda nada de mí.

You make me feel so much better.

Un recuerdo dentro de otro recuerdo dentro de otro recuerdo dentro de otro... una blusa anaranjada con hombreras innecesarias. La presentación de un libro sin importancia entre ruinas de v a g o n e s.

No a la fábrica de consejos y de buenos augurios.

Almendras
en tus brazos.
No me mires
así.
La orquídea
que te dio tu madre.
El reproche
de abandono.
¿Aquí confieso?
La asimetría de tus lentes.
Tu voz
extinta
que me alivió durante meses.

Un platillo familiar lejano.

En un balcón

ingrávidos sobre poemas memorizados y violines tirados. Un billar a media luz. Un instinto y una tentativa: debí besarte.

Ahora mismo rozo tus labios desde aquí.

A tu lado en un teatro semivacío, no me dejes aplaudir, amor, no es el momento, ayúdame. ¿Qué significa *Allegro, Allegro ma non troppo, Largo, Andante*?

Allanamiento de una morada a plena luz para rescatar una prenda, todas ajenas, repito:

| | | | | | todas ajenas | | | | | |

Una despedida ante la Virgen de la terminal.

No creemos en el infortunio.

Pulsos nocturnos próximos a las mesas y a los bailes de la carretera.

Mi mirada en tu pelo y sólo en tu pelo.

Una sopa y un diminuto perro entre mis manos, aquí te quieren, aquí eres feliz, aquí te aman desde la cocina hasta el jardín y yo que te entregué a Rimbaud.

Vi tu tristeza, el dolor dentro de tu brazo, los músicos tocando y tu añoranza, tu miedo. ¿Qué puedo hacer? yo sólo sé de reglas y de escribir miserias, nada más. Fantasma la escritura.

Cuéntame, háblame de todo que yo no siento nada porque nada ha sucedido. Regresará el acecho. El hombre que ruge por las noches y te obliga a dormir en la sala. El rostro del dolor y la marginación y el nombre en diminutivo. Ofrezco amistad. Yo comprendo. ¿Eso es todo?

El dolor del regreso. Fantasma la nostalgia.

Porque aquí dentro, bajo el resguardo de lo no acontecido, no nos alcanzará el tedio, ni la rutina, ni las expectativas esparcidas por el suelo, no habrá besos en la frente por la muerte del deseo. No habrá nada como no lo hay ahora. Aquí me sujeto con los dientes a la libertad.

Aquí puedes traer tus libros y tu música.

Tocarás en el jardín, escribirás frenética, subrayarás libros digitales. Aquí nadie llega tarde.

XX   Hemos vivido entre dos siglos   XXI

Ignoraré las voces y no me arrepentiré. Este es un pueblo en llamas que no se extinguen.

Soy los montones de sal que no se disuelven.

¿Te faltó lenguaje? ¿Qué sentías? Es a mí a quien cuestiono. Con estas palabras le doy forma al mundo, a este caos de mis décadas.

En el último sueño te siento sobre mí, sonríes en alemán, te inclinas un poco, tu cabello es una casa, adentro nos observamos entre paredes castañas y onduladas, no dejes de mirarme. No lo hagas.

Lo hubiéramos hecho, por todos estos años que no te conocí, por los días en los que no te busqué, por la prolongación de la calma degradada. Te demostraría que tenías razón: no existe. Nuestra hija tendría el mismo lunar bajo el ojo derecho y la llamaríamos

la llamaríamos…

Yo lavaría tus calcetas, blanquísimas te lo juro.

Nos falta aún localizar un postre (me falla el gusto, te dije mirando tus labios). Conserva la playera blanca y la sonrisa del *Dirty Old Man* y también la charla inexistente ahogada por gritos y bits en el 330 o las tardes aguardando vagones.

Llévate un concierto de *blues* a un costado de los besos que no eran los nuestros.

Y las enseñanzas del chamán:

~~La luna en escorpio te volvió seductora.~~

~~Las mujeres aman para hacer el amor y los hombres hacen el amor para amar.~~

~~Puedes rechazar a las furias, pero recuerda que van a volver con la misma fuerza con la que las rechazaste.~~

Le temo a las mujeres.

La amistad es imposible. Los amigos no se besan. Nunca la cobardía logró tanto.

No pude sostener el abrazo.

El naufragio de la apariencia.

Amenazo a la luna con un insignificante gesto: no te atrevas.

Volverás multiplicada por miles y me arrancarás de este sepulcro blanco.

Me quitarás las certezas y quemarás las cuerdas. No volverás.

Me faltó fuerza. Flagrante delito. Me alejo por miedo. Evitar el dolor no es cualidad.

—No falta a la ley aquel a quien toda la ley le falta —intentó alguien defenderme.

No lo logró.

Falté y que venga la condena.

Temo que no quede una cosa más capaz de sorprenderme.

Que por todo el tiempo que me reste.

.
.
me
fragmente
en
tu
nombre
.

ÍNDICE